BEI GRIN MACHT SICH IHR WISSEN BEZAHLT

- Wir veröffentlichen Ihre Hausarbeit, Bachelor- und Masterarbeit
- Ihr eigenes eBook und Buch - weltweit in allen wichtigen Shops
- Verdienen Sie an jedem Verkauf

Jetzt bei www.GRIN.com hochladen und kostenlos publizieren

Bibliografische Information der Deutschen Nationalbibliothek:

Die Deutsche Bibliothek verzeichnet diese Publikation in der Deutschen Nationalbibliografie; detaillierte bibliografische Daten sind im Internet über http://dnb.d-nb.de/ abrufbar.

Dieses Werk sowie alle darin enthaltenen einzelnen Beiträge und Abbildungen sind urheberrechtlich geschützt. Jede Verwertung, die nicht ausdrücklich vom Urheberrechtsschutz zugelassen ist, bedarf der vorherigen Zustimmung des Verlages. Das gilt insbesondere für Vervielfältigungen, Bearbeitungen, Übersetzungen, Mikroverfilmungen, Auswertungen durch Datenbanken und für die Einspeicherung und Verarbeitung in elektronische Systeme. Alle Rechte, auch die des auszugsweisen Nachdrucks, der fotomechanischen Wiedergabe (einschließlich Mikrokopie) sowie der Auswertung durch Datenbanken oder ähnliche Einrichtungen, vorbehalten.

Impressum:

Copyright © 2017 GRIN Verlag
Druck und Bindung: Books on Demand GmbH, Norderstedt Germany
ISBN: 9783668648418

Dieses Buch bei GRIN:

https://www.grin.com/document/413630

Julian Ibald

Wie viel Konjunkturpolitik braucht eine soziale Marktwirtschaft?

GRIN Verlag

GRIN - Your knowledge has value

Der GRIN Verlag publiziert seit 1998 wissenschaftliche Arbeiten von Studenten, Hochschullehrern und anderen Akademikern als eBook und gedrucktes Buch. Die Verlagswebsite www.grin.com ist die ideale Plattform zur Veröffentlichung von Hausarbeiten, Abschlussarbeiten, wissenschaftlichen Aufsätzen, Dissertationen und Fachbüchern.

Besuchen Sie uns im Internet:

http://www.grin.com/

http://www.facebook.com/grincom

http://www.twitter.com/grin_com

Wie viel Konjunkturpolitik braucht eine soziale Marktwirtschaft?

Inhaltsverzeichnis

1. Einleitung 3
2. Definitionen 3
3. Theorien 4
    3.1 Keynesianismus 4
    3.2 Monetarismus 5
4. Vergleich und Kritik 6
5. Fazit 8
6. Literaturverzeichnis 9

1. Einleitung

„So viel Markt wie möglich, so viel Staat wie nötig". Diese Aussage von Karl Schiller, dem ehemaligen deutschen Bundeswirtschafts- und Finanzministers von 1971, macht das Spannungsverhältnis in der Aufgabenverteilung zwischen privaten und staatlichen Akteuren in der Wirtschaft deutlich.

Aus diesem Spannungsverhältnis ergibt sich die folgende Sachanalysefrage: Wie viel Konjunkturpolitik braucht eine soziale Marktwirtschaft? Relevant ist die Frage immer dann, wenn es darum geht die Rolle des Staates in der Wirtschaft zu definieren um den maximalen Nutzen aus dem Staat für die wirtschaftliche Entwicklung ziehen zu können.

Die Forschung beschreibt mit dem Keynesianismus und dem Monetarismus zwei grundsätzlich verschiedene wirtschaftspolitische Konzepte, deren Ansichten die Forschungsgrundlage zur Beantwortung der Themenfrage sein werden. Hauptvertreter des Keynesianismus ist der britische Ökonom John Maynard Keynes. Als Hauptvertreter des Monetarismus gilt der Wirtschaftswissenschaftler Milton Friedman.

Hierfür werden zunächst die Begriffe Konjunktur, Konjunkturpolitik und soziale Marktwirtschaft definiert. Anschließend wird auf Grundlage der zwei in der Forschung diskutierten Ansätze die Frage analysiert, wie viel Konjunkturpolitik betrieben werden soll. Dafür werden zunächst beide Ansätze vorgestellt. Anschließend werden die Theorien miteinander verglichen und kritisch betrachtet. Im Fazit wird aus den gewonnenen Erkenntnissen schließlich ein Ergebnis abgeleitet.

Es ist anzumerken, dass es sich in dieser Sachanalyse um eine theoretische Betrachtung der Fragestellung handelt. Dies bedeutet, dass die Theorien nicht danach bewertet werden, wie sie sich in der Praxis bewährt haben, sondern die Analyse sowie die Beantwortung der Fragestellung lediglich auf theoretischen Überlegungen erfolgen.

2. Definitionen

Für die Bearbeitung der Themenfrage ist es zunächst einmal von Bedeutung die Begriffe Konjunktur, Konjunkturpolitik, sowie soziale Marktwirtschaft zu definieren.
Unter Konjunktur versteht man grundsätzlich einmal die gesamtwirtschaftliche Entwicklung eines Staates. Diese Entwicklung vollzieht sich in immer wiederkehrenden, mehrjährigen zyklischen Veränderungen der wirtschaftlichen Aktivität. Unterscheiden lassen sich die

Konjunkturzyklen in vier Phasen: Aufschwungphase, Boomphase, Abschwungphase und Depressionsphase. (Vgl. Nohlen 1998, 320)

Als Konjunkturpolitik werden die Maßnahmen von wirtschaftspolitischen Akteuren zur Vermeidung und Glättung von Konjunkturschwankungen beschrieben. Konjunkturpolitik verfolgt das Ziel das Wirtschaftswachstum mittels wirtschaftspolitischer Instrumente zu verstetigen (vgl. Grotz 2007, 181).

Die soziale Marktwirtschaft beschreibt eine Wirtschaftsordnung in welcher der Staat durch soziale Leistungen in die Wirtschaft eingreift und so die negativen Folgen der Marktwirtschaft abfängt. Marktwirtschaft wird hierbei als Wirtschaftssystem definiert, in welchem Produktion und Handel von Gütern durch Angebot und Nachfrage reguliert werden. (Vgl. Lenz 2001, 134/199)

Es lässt sich also feststellen, dass der Staat im Wirtschaftssystem der sozialen Marktwirtschaft grundsätzlich einmal bestimmte Funktionen und Aufgaben übernehmen muss, um die Stabilität sowie das Wachstum der Wirtschaft zu gewährleisten.

Die genaue Umsetzung und die Rolle des Staates in der Wirtschaft sind hierbei jedoch umstritten und werden je nach wirtschaftspolitischer Position der Entscheidungsträger anders angegangen.

3. Theorien

3.1 Keynesianismus

Ein sich selbst regulierender Markt, geführt durch eine unsichtbare Hand, die es ermöglicht gesellschaftliches Gesamtwohl und Vollbeschäftigung jedes einzelnen zu erreichen. Eine solche Theorie, welche auf Adam Smith zurückzuführen ist, ergibt für den Ökonomen John Meynard Keynes wenig Sinn und verdeutlicht zugleich den Grundgedanken des Keynesianismus.

Nach Keynes bildet sich in einer Marktwirtschaft nicht automatisch ein gesamtgesellschaftliches Gleichgewicht, in welcher Vollbeschäftigung herrscht (vgl. Sangmeister 2011, 182f.). Arbeitslosigkeit sowie Unterauslastung der Wirtschaft können nach Keynes durch negative Erwartungshaltungen an die Wirtschaft entstehen. Fürchtet ein Wirtschaftssubjekt eine negative wirtschaftliche Entwicklung wird es nach Keynes seine

Güternachfrage einschränken, was wiederrum zu einer gesamtwirtschaftlichen Unterauslastung einer Volkswirtschaft führt (vgl. Schlösser 2009, 43).

Die Lösung dieses Problems sieht der Keynesianismus in der Fiskalpolitik, welche eine gleichmäßige Auslastung der Wirtschaft gewährleisten soll (vgl. Minsky 1990, 26). Unter Fiskalpolitik versteht man finanzpolitische Maßnahmen des Staates, mit welchen versucht werden soll, die konjunkturellen Schwankungen einer Volkswirtschaft auszugleichen (vgl. Gabler 2014, 1151). Bei dieser sogenannten nachfrageorientierten Konjunkturpolitik greift der Staat also aktiv in die Wirtschaftsabläufe ein (vgl. Schlösser 2009, 43). Je nach Konjunkturphase kommen dem Staat unterschiedliche Aufgaben zu. Befindet sich die Konjunktur in einer Rezessionsphase muss vom Staat eine expansive Konjunkturpolitik betrieben werden, mit dem Ziel die gesamtwirtschaftliche Nachfrage zu vergrößern. Dies geschieht beispielsweise durch Steuersenkung sowie zusätzlichen staatlichen Ausgaben. Finanziert werden diese zusätzlichen Ausgaben durch Staatsverschuldung („deficit spending"). In der Boomphase soll diese Verschuldung dann durch eine sogenannte kontraktive Konjunkturpolitik, also beispielsweise durch Steuererhöhung sowie Kürzung der Staatsausgaben, wieder abgetragen werden. Die Idee des Keynesianismus ist es also den öffentlichen Haushalt mittels antizyklischer Finanzpolitik zu gestalten. (Vgl. Keynes 2000, 184; Sangmeister 2011, 184f.; Schlösser 2009, 43).

3.2 Monetarismus

Die Theorie des Monetarismus mit dessen Hauptvertreter Milton Friedman, kann als Gegenbewegung zum Keynesianismus betrachtet werden. Ihre Grundzüge bauen auf den Kerngedanken der klassischen Nationalökonomie unter Adam Smith auf. Die Theorie geht davon aus, dass genau der von Keynes als erforderlich angesehene Eingriff des Staates in die Wirtschaft zu einem Ungleichgewicht auf dem Markt führen würde (Mayer 1978, 39). Kritisiert werden hierbei die mangelnde Prognose- und Diagnosefähigkeit des Staates und die negativen Folgen auf die Geldmenge in der Wirtschaft (Friedman 1976, 21). Unter der Geldmenge werden im Allgemeinen die Geldbestände die einer Volkswirtschaft zur Verfügung stehen verstanden (Grüske 2003,180).

Der Monetarismus lehnt demnach eine Feinsteuerung der Wirtschaft durch den Staat ab und vertritt die Ansicht, dass sich der Staat weitestgehend aus der Wirtschaft zurückziehen soll (vgl. Mayer 1978, 39). Der Markt funktioniert hierbei als sich selbst regulierendes Element, welches sich durch einen grundsätzlich stabilen Wirtschaftsablauf im privaten Sektor auszeichnet (vgl.

Friedman 1976, 21f.; Mayer 1978, 14). Die Theorie des Monetarismus lehnt Fiskalpolitik ab und befürwortet mit der sogenannten Geldpolitik eine Regelung der Geldversorgung durch Maßnahmen von Zentralbanken (vgl. Mayer 1978, 39; Friedman 1976, 18; Gabler 2014, 1244). Als wichtigstes Charakteristikum des Monetarismus gilt die Ausrichtung des Geldmengenwachstums am Wirtschaftswachstum (vgl. Schlösser 2009, 44). Ein regulierendes übergeordnetes Element (z.B. Zentralbanken) kontrolliert und steuert hierbei die Geldmenge der untergeordneten Elemente (z.B. Geschäftsbanken) durch Anpassung an die wirtschaftlichen Gegebenheiten (vgl. Friedman 1976, 70f.). Fallen die Maßnahmen zur Regulierung der Geldmenge weg, drohen entweder eine zu starke Ausdehnung oder eine zu starke Bremsung der Geldmenge. Mögliche Folgen wären Inflation oder Deflation (vgl. Sangmeister 2011, 223). Das Ziel des Monetarismus ist also ein kontrolliertes, preisniveaustabiles und stetiges Wachstum der Geldmenge einer Volkswirtschaft (vgl. Friedman 1976, 69).

Für die praktische Umsetzung der Theorie lassen sich am Beispiel der EZB drei wesentliche Instrumente feststellen, wie das Geldmengenwachstum an das Wirtschaftswachstum angepasst werden kann. Zum einen durch eine ständige Fazilität oder Leitzinsanpassungen der EZB. Also durch ständige Anpassung der Zinssätze zu denen sich eine Geschäftsbank bei einer Zentralbank Geld leihen kann (vgl. EZB 2004, 90). Desweiteren durch Veränderung der Mindestreserve, also das Guthaben, dass die Zentralbanken von Geschäftsbanken zur Haltung von Geldreserven einziehen (vgl. Sangmeister 2011, 230; Gabler 2014, 2183). Zuletzt gelten Offenmarktgeschäfte der EZB, also der An- und Verkauf von Wertpapieren als probates Mittel zur Steuerung der Geldmenge (vgl. EZB 2004, 84f.).

4. Vergleich und Kritik

Mit dem Keynesianismus und dem Monetarismus wurden zwei unterschiedliche wirtschaftspolitische Ansätze dargestellt, wie Wachstum und Stabilität in einer sozialen Marktwirtschaft gewährleistet werden kann.

So vertritt der Keynesianismus die Vorstellung einer aktiven, optimistischen Konjunkturpolitik, bei welcher die Wirtschaft durch staatliche Eingriffe reguliert werden soll. Anders der Monetarismus, der jegliche direkte Form des Eingriffes durch den Staat mittels Konjunkturpolitik kategorisch ablehnt (vgl. Peffgen 1977, 50). Der theoretische Ansatz des Keynesianismus lässt es möglich erscheinen durch staatliche Eingriffe inflationäre sowie deflationäre Lücken einer Konjunktur zu schließen und somit ein beständiges Wirtschaftswachstum zu generieren. Der Monetarismus hingegen orientiert sich mit einer variablen Geldmengenerhöhung sowie das außen vor lassen von konjunkturellen Faktoren hierbei eher passiv langzeitig.

Mit beiden Theorien stehen sich also Verfechter und Gegner von Konjunkturpolitik gegenüber. Um beurteilen zu können, wie viel Konjunkturpolitik eine soziale Marktwirtschaft braucht, müssen die Theorien kritisch auf ihre Anwendbarkeit hinterfragt werden.

Die Kritik zur Theorie des Keynesianismus kommt von Seiten der Monetaristen. Der wohl stärkste Kritikpunkt am Keynesianismus sind die unberechenbare Wirkungsverzögerung („time-lags") der staatlichen Eingriffe in die Wirtschaft. Der Staat interveniert immer dann in die Wirtschaft, wenn er eine depressive Entwicklung der Konjunktur befürchtet. Monetaristen sehen allein hier schon das Problem, den Zeitpunkt zu erkennen, wann der Staat stabilisierend eingreifen soll. Aus heutigen Gesichtspunkten sei es nicht zweifelsfrei bestimmbar, wie sich die Konjunktur in einer Marktwirtschaft entwickeln würde. Das Problem der antizyklischen Konjunkturpolitik besteht also darin, zunächst einmal zu erkennen, wann eine Konjunkturphase eintritt. (Vgl. Ziegler 1998, 195; Paulsen 1958, 27)

Das zweite Problem besteht dann in der Wirkungsverzögerung der Handlungen. Bis eine Maßnahme (z.b. höhere Staatsnachfrage) ihre Wirkung entfaltet, vergehe zu viel Zeit. Die Folge einer solchen Wirtschaftspolitik wäre im schlimmsten Fall, dass antizyklisch gedachte Maßnahmen, prozyklisch wirken. Ergriffene Maßnahmen zur Bekämpfung einer Rezession würden somit erst im darauffolgenden Aufschwung ihre Wirkung entfalten, was zu einer konjunkturellen Instabilität führen würde. (ebd.)

Als weiterer Kritikpunkt des Keynesianismus kann der sogenannte „Crowding-Out-Effekt" oder „Verdrängungseffekt" aufgeführt werden. Ein solcher Effekt liegt vor, wenn wie beim Keynesianismus staatliche Nachfrage private Nachfrage zurückdrängt. Wiegt die staatliche Nachfrage die wegfallende private Nachfrage auf, so ist die erhoffte positive Wirkung staatlicher Nachfrage gleich null. Gegner des Keynesianismus sind der Meinung, dass solch ein Szenario grundsätzlich der Fall ist. (Vgl. Vomfelde 1985, 14)

Genau wie für den Keynesianismus, gibt es auch Kritik an der Theorie des Monetarismus. Der Monetarismus verfolgt das Ziel anhand der Geldmenge die Wirtschaft zu steuern. Voraussetzung hierfür ist jedoch eine hinreichende Kontrolle über diese. Nach Auffassung der Kritiker kann diese Kontrolle der Geldmenge durch die Geldpolitik nicht in ausreichendem Maß gewährleistet werden. Hierfür müsste die Geldmenge unter einer hinreichend strikten Kontrolle der Zentralbank stehen. De facto ist dies jedoch nicht der Fall, weil die Geldmenge einer Volkswirtschaft immer von mehreren Faktoren abhängig ist. Hierbei spielt das Verhalten von Geschäftsbanken, Unternehmen und Konsumenten ebenfalls eine wichtige Rolle. (Vgl. Neubauer 1978, 154/170) Beispielsweise sind Geschäftsbanken in der Lage sich von Zentralbanken auf eigene Initiative Geld zu beschaffen, oder auch Zentralbankgeld zu vernichten (ebd., 155). Die Theorie des Monetarismus, die Wirtschaft mittels Geldmengenpolitik zu steuern, scheint demnach nur schwer umsetzbar.

5. Fazit

Die vorliegende Sachanalyse hat die Frage gestellt, wie viel Konjunkturpolitik eine soziale Marktwirtschaft braucht. Hierbei wurde mit dem Keynesianismus und dem Monetarismus jeweils eine Theorie untersucht, welche Konjunkturpolitik befürwortet und eine, welche diese ablehnt. Die Untersuchung der Kritiken zu beiden Theorien hat gezeigt, dass sich weder der Keynesianismus, noch der Monetarismus problemlos in der Praxis anwenden lassen würden. Der Keynesianismus scheitert an der Unvorhersehbarkeit des Marktes und der Irritation infolge von künstlich erzeugter Nachfrage durch den Staat. Die Theorie des Monetarismus scheitert an der unzureichenden Kontrolle der Geldmenge durch den Staat. Die Frage wie viel Konjunkturpolitik eine soziale Marktwirtschaft braucht, lässt sich damit nicht eindeutig bestimmen.

Sucht man dennoch eine Antwort auf die Frage wie viel Konjunkturpolitik nun sinnvoll ist, erscheint eine Mischform zwischen beiden Theorien als zielführend. Zwar gelten beide Ansätze in der Theorie als strikte Gegenspieler, würden sich jedoch in der Praxis vereinen lassen. So haben erhöhte Staatsabgaben einen kurzfristigeren Effekt auf die Wirtschaft und könnten beispielsweise in einer Phase der Rezession helfen. Ergänzend könnten geldpolitische Investitionen für eine langzeitig stabilisierende Wirkung sorgen.

6. Literaturverzeichnis

Lexika:

- Gabler Wirtschaftslexikon[18], Red. von Stefanie Brich, Wiesbaden 2014.
- Kleines Lexikon der Politik[4], hrsg. von Florian Grotz, München 2007.
- Kleines Politik-Lexikon, hrsg. von Carsten Lenz u.a., Oldenburg 2001.
- Lexikon der Politik. Band 7 Politische Begriffe, hrsg. von Dieter Nohlen u.a., München 1998.
- Wörterbuch der Wirtschaft, hrsg. von Karl-Dieter Grüske, Stuttgart 2003.

Literatur:

- Direktorium der EZB 2005: Die Geldpolitik der EZB, Frankfurt a.M.: EZB. zitiert: EZB.
- Friedman, Milton 1976: Die optimale Geldmenge und andere Essays, Frankfurt a.M.: Fischer Taschenbuch Verlag.
- Keynes, John Meynard: Allgemeine Theorie der Beschäftigung, des Zinses und des Geldes[8]. In der Übers. von Fritz Waeger, Berlin: Duncker&Humblot.
- Mayer, Thomas 1978: „The Structure of Monetarism (I)"; in: Mayer, Thomas (Hrsg.): The Structure of Monetarism, NY: Norton, 1-47.
- Minsky, Hyman P. 1990: John Maynard Keynes. Finanzierungsprozesse, Investition und Instabilität des Kapitalismus, Marburg: Metropolis-Verlag.
- Neubauer, Werner 1978: „Über die Unmöglichkeit einer monetaristischen Geldpolitik; in: Ehrlicher, Werner (Hrsg.): Die Monetarismus-Kontroverse. Eine Zwischenbilanz, Berlin: Duncker&Humblot, 149-170.
- Paulsen, Andreas 1958: Neue Wirtschaftslehre. Einführung in die Wirtschaftstheorie von John Maynard Keynes und die Wirtschaftspolitik der Vollbeschäftigung[4], Berlin: Vahlen.
- Sangmeister, Hartmut 2011: Volkswirtschaft verstehen lernen. Von Arbeitsmarkt bis Zahlungsbilanz für Nicht-Ökonomen, Baden-Baden: Nomos Verlag.
- Schlösser, Hans-Jürgen 2009: „Staatliche Handlungsfelder in der Marktwirtschaft"; in: Informationen zur politischen Bildung. Staat und Wirtschaft, Nr. 294, 39-55.
- Vomfelde, Werner 1977: Einführung in die Konjunkturpolitik, Berlin: Duncker&Humblot.
- Ziegler, Bernd 1998: Geschichte des ökonomischen Denkens. Paradigmenwechsel in der Volkswirtschaftslehre, München: De Gruyter Oldenburg.

BEI GRIN MACHT SICH IHR WISSEN BEZAHLT

- Wir veröffentlichen Ihre Hausarbeit, Bachelor- und Masterarbeit

- Ihr eigenes eBook und Buch - weltweit in allen wichtigen Shops

- Verdienen Sie an jedem Verkauf

Jetzt bei www.GRIN.com hochladen und kostenlos publizieren